## Unidad 1

# Amigos y familia

# Contenido

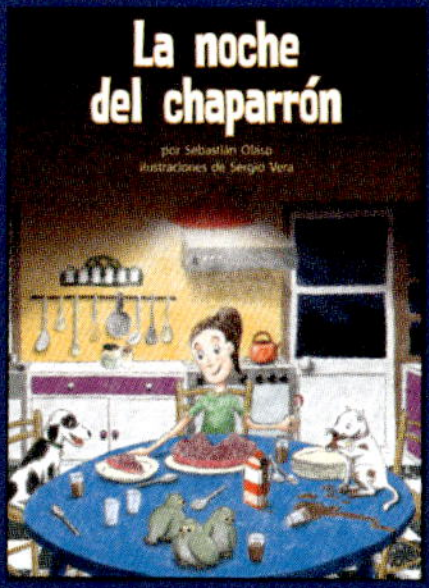
La noche
del chaparrón

Un pastel
para
mamá

# Alitas de colores

por Esteban Ruiz
ilustraciones de Micha Archer

Érase una vez el país de las mil mariposas. Por las noches, la diversión mayor era jugar con los insectos.

Las mariposas querían volar hasta el cielo para que el viento no se sintiera solito.

El tiempo pasó. Un día, la reina de las mariposas dijo:

—¡Podríamos hacer alas con pétalos!

—¡Sí! —se apuraron a responder todas—. Cada una de nosotras andará por los prados con alitas especiales.

Las mil mariposas querían que cada ala nueva fuera la más bella. Pero los pétalos eran pocos.

—¡No debemos molestar a ninguno de nuestros vecinos! —dijo una mariposita pequeña como una semilla.

—Viajaremos todas las noches. Iremos en busca de los pétalos caídos y los juntaremos en nuestras alas para que ninguno se sienta solito —dijo otra mariposa.

—¡Podremos jugar a preguntar y responder haciendo mímica con las alas! —dijo la mayor de las mariposas azules.

Desde entonces, las mariposas van en busca de una flor bella que les dé sus pétalos. ¿Por dónde andará tu mariposa favorita? ¿Pasó por aquí esta mañana? ¿La has visto?

# La bici de César

por Elena Matos
ilustraciones de Joe Cepeda

La bici de César es blanca y azul. Cuando César va en su bicicleta, toca la campanilla y los vecinos lo saludan desde sus ventanas. César cuida mucho su bicicleta, pero es muy pequeña.

César desea comprar otra bicicleta. Como toda la gente, César debe ahorrar. Así hacía su abuela en Suecia. Las ideas comienzan a aparecer en la cabeza de César.

Comienzan las tareas de César para comprar una bici. Barre veredas, vende helados en una fiesta. Desde las ventanas de su casa, vende panecillos a la gente que pasa. A ritmo lento y suave, oye cómo parte de su alcancía se llena.

Una tarde, después de almorzar, César y su abuela van en busca de una bici especial para César. César oye a cada vendedor y toca todas las bicicletas. Después de ver una rosa y una celeste, se decide por una de color rojo suave. ¡Están felices!

Marcelo también se compró una bici con sus ahorros. Su papá, que nació en Grecia, le enseñó a ahorrar parte de lo que gana. Están muy felices y dan un paseo. Esta tarde harán una fiesta.

# Viviana y Bobby

por Leslie A. Rotsky
ilustrado por Roger Radtke

Viviana quería disfrutar con su cachorro Bobby. Buscó un palo y lo arrojó sobre el césped. Pero el viento empujó el palo hasta el barro. Como un artista, Bobby dio siete ladridos y brincó en el barro.

Viviana tomó el bote que su hermana usaba para regar. Le echó agua a Bobby. Este la miraba con sus ojos negros.

—¡Ven, Bobby, ahora debes de darte un baño! —le dijo Viviana.

Cuando hay burbujas de jabón, los animales mueven las patas y el rabo.

—Basta, Bobby, ven, no te hagas el artista —dijo Viviana apenas vio cómo jugaba su joven perrito.

Apenas terminó con el baño, Bobby volcó siete macetas y volvió a llenarse de barro. El joven vecino de cabellos negros y su hermana lo miraban con la boca abierta. Ellos aman a los animales.

Finalmente, Viviana y su perro se abrazaron de tanto que se aman. Dieron una voltereta como si bailaran. ¡Cómo les gustaba disfrutar de aventuras divertidas!

# La noche del chaparrón

por Sebastián Olaso
ilustraciones de Sergio Vera

En una fresca noche de verano, Charo aprovecha para jugar con Chicho, su cachorro. Charo coloca unos juguetes ruidosos en el suelo, y Chicho se echa a ladrar.

En un momento, Charo escucha un chirrido en la chimenea.

Charo busca en la chimenea y en distintos lugares, pero no encuentra nada. ¡El ruido debe de haber sido causado por un fuerte chubasco! Charo se preocupa por la lechuza que siempre se echa a dormir en un tipo de viga que hay en el techo de su rancho. Allí se ocupa de criar a sus pichones. Como si fuera un médico, la lechuza les revisa la cabeza y la piel.

A su regreso, busca a su gatita Chacha. La halla arriba de un felpudo azul chiquito. Está toda manchada con leche chocolatada fresca. ¡Qué chistosa que es Chacha!

La muchacha quiere alimentar a los animales. Quiere cuidarlos del chaparrón de esta noche de verano. Ella recuerda que muchos médicos dicen qué tipo de comida es provechosa para la piel, los huesos y la cabeza.

Coloca la comida sobre la mesa azul. Charo les preparó unos bizcochos distintos, con remolacha, habichuelas y champiñones. Antes de comerlos, les coloca un trozo de chile. Charo no es chef, pero tiene mucha chispa.

# Un pastel para mamá

por Barbara A. Donovan
fotos de
Ken O'Donoghue

Hoy es el cumpleaños de mamá. Papá y Helena harán un pastel. Les gusta mezclar la harina y trabajar en la cocina. Mamá fue a hacer unas compras menores.

Helena coloca mantequilla fría en los moldes. Es toda una hazaña para ella. Papá enciende el horno. Ahora deben esperar. Por suerte, no hay humo.

Antes de mezclar la masa fría y poner los platos sobre la mesa, papá y Helena leen la hoja con la receta que les dio la tía Hilda. La tía y sus hermanos menores saben trabajar en la cocina. En esta receta hay que usar dos huevos.

## Pastel

1. Calentar el horno. 350°F
2. Poner en un molde.

   1 paquete de mezcla para pasteles · $1\frac{1}{3}$ taza de agua · $\frac{1}{2}$ taza de aceite · 2 huevos
3. Mezclar y hornear.

Sirven la mezcla en los moldes hondos. Los pasteles llevan mucho tiempo. Ahora deben esperar una hora. Mientras tanto, Helena y papá guardan los ingredientes que no van a usar. Lavan los platos y luego se sientan a la mesa y leen cuentos de hadas.

¡El horneado ha terminado! Helena y papá llevan el pastel con cuidado y le agregan fresas. Mamá llega y sirven el pastel. ¡Mamá está feliz! Dice que son unos expertos en los quehaceres del hogar.

# Unidad 1: Amigos y familia

## Semana 1: Alitas de colores *página 1*

para leer con *Muy lejos, tan cerca* **NÚMERO DE PALABRAS: 175**

### PALABRAS CON CE, CI, Z

azules, cielo, entonces, especiales, hacer, haciendo, vecinos, vez

### PALABRAS DE USO FRECUENTE

andará, bella, busca, mayor, mil, ninguno, noches, pasó, responder, solito

## Semana 2: La bici de César *página 7*

para leer con *Un desfile tradicional* **NÚMERO DE PALABRAS: 186**

### PALABRAS CON CE, CI, S, Z

almorzar, azul, bicicleta, cabeza, desea, felices, Grecia, hacía, nació, Suecia

### PALABRAS DE USO FRECUENTE

comienzan, felices, fiesta, gente, oye, parte, suave, tarde, toca, ventanas

## Semana 3: Viviana y Bobby *página 13*

para leer con *El señor Carranza, Lía y Usted* **NÚMERO DE PALABRAS: 160**

### PALABRAS CON B, V

abierta, aventuras, bailaran, bote, divertidas, gustaba, miraban, vecino, viento, voltereta

### PALABRAS DE USO FRECUENTE

aman, animales, apenas, artista, disfrutar, hermana, joven, negros, siete, ven (venir)

## Semana 4: La noche del chaparrón *página 19*

para leer con *Pepper* **NÚMERO DE PALABRAS: 208**

### PALABRAS CON CH

aprovecha, bizcochos, cachorro, chaparrón, chimenea, leche, lechuza, manchada, noche, pichones

### PALABRAS DE USO FRECUENTE

azul, cabeza, coloca, distintos, echa, fresca, médicos, piel, tipo, verano

## Semana 5: Un pastel para mamá

*página 25*

para leer con *¡Trabajo de familia!*

**NÚMERO DE PALABRAS: 181**

### PALABRAS CON H

ahora, hacer, hay, hazaña, Helena, hermanos, hogar, hoja, hornear, quehaceres

### PALABRAS DE USO FRECUENTE

fría, leen, llevan, menores, mesa, mezclar, platos, sirven, trabajar, usar

**PALABRAS DE USO FRECUENTE APRENDIDAS HASTA LA FECHA**

**Grado K**
al
con
dice
dónde
el
ella
en
es
está
este (adj)
familia
grande
gusta
hace
hago
hay
juego (v.)
la
más
mira
muy
nuevo
para
pequeño
pero
por
puedo
qué
quién
sin
soy
también
tengo
tiene
un
vamos
veo
voy
y
yo

**Grado I**
abrir
aceptar
actividad
agua
ahí
aire
algunos
allá
ambos
amigo
años
aprender
aquí
aspecto
atrás
aunque
ayuda
baja
bien
blanco
bueno
camino
campo
cantar
carácter
casa
casi
cerca
ciudad
clase
color
comer
como
completo
correr
crear
cualquier
cuando
cuanto
cuatro
cuerpo
cumplir
decidieron
dentro
después
diez
diferente
difícil
doctor
dos
durante
edad
embargo
empezar
encima
encontrar
entonces
entre
escribe
escuchar
escuela
esfuerzo
estoy
estudio (sust.)
existen
explicar
flores
frente
grupo
gusto
hablar
habrá
hacia
hoy
iguales
importante
juguemos
juntos
larga
lector
libertad
libro
llamar
lograr
luego
luz
madre
maestro
manera
mañana
mejor
mientras
mover
muchos
muestro
nada
nadie
niño
nombre
nuestro
obra
obtener
ocho
ofrece
otro
padre
palabra
pan
parque
piensa
podrás
porque
pregunta
presentar
primero
principal
principio
problema
pronto
propio
proponer
próximo
pueblo
puede
pues
que (cj.)
quien
quiere
quiero
quizá
reunir
río
saltar
saluda
seguir
siempre
siglo
sobre
sube
suelo
tampoco
tan
tiempo
tierra
todavía
todo
trabajo
trae
través
tres
varios
vez
vieja
vivir
voz
ya

**Grado 2**
aman
andará
animales
apenas
artista
azul
bella
busca
cabeza
coloca
comienzan
disfrutar
distintos
echa
felices
fiesta
fresca
fría
gente
hermana
joven
leen
llevan
mayor
médicos
menores
mesa
mezclar
mil
negros
ninguno
noches
oye
parte
pasó
piel
platos
responder
siete
sirven
solito
suave
tarde
tipo
toca
trabajar
usar
ven (venir)
ventanas
verano

## DESTREZAS DE DESCODIFICACIÓN ENSEÑADAS HASTA LA FECHA

Palabras con *m;* palabras con *p;* palabras con *t;* palabras con *l;* palabras con *s;* palabras con *d;* palabras con *n;* palabras con *v;* palabras con *b;* palabras con *f;* palabras con *rr;* palabras con *r* y sílabas cerradas con *r;* palabras con *h;* palabras con *ge, gi, j;* palabras con *ca, co, cu, k, que, qui;* palabras con *y, ñ;* palabras con *ch;* palabras con *ll, w;* palabras con *cl;* palabras con *cr;* palabras con *ga, go, gu, gue, gui;* palabras con *ce, ci, za, zo, zu;* diptongos *ai, au, ay, ei, eu, ey, oi, oy;* diptongos *ia, ie, io, iu, ua, ue, ui, uy;* palabras con *tr;* diéresis: *güe, güi;* palabras con *bl;* palabras con *br;* palabras con *pl;* palabras con *pr;* palabras con *i, x* como *j.*